예언자

칼릴 지브란 지음 | 이원희 옮김

소담출판사

이원희

프랑스 아미앵 대학에서 「장 지오노의 작품세계에 나타난 감각적 공간에 관한 문체 연구」로
석사학위를 받았다. 번역서로는 『소생』, 『언덕』, 『세상의 노래』, 『영원한 기쁨』,
엠마뉘엘 베른하임의 『그의 여자』, 『금요일의 저녁』, 『커플』, 『잭나이프』,
앙리 지델의 『코코 샤넬』, 도미니크 페르낭데즈의 『카스트라토』, 『사랑』,
생텍쥐페리의 『야간 비행』, 알퐁스 도데의 단편집 『별, 알퐁스 도데 단편집』 등이 있다.

BESTSELLER WORLDBOOK 21

예언자

펴낸날 ㅣ 2005년 4월 30일 초판 1쇄
　　　　2012년 12월 20일 초판 7쇄

지은이 ㅣ 칼릴 지브란
옮긴이 ㅣ 이원희
펴낸이 ㅣ 이태권
펴낸곳 ㅣ (주)태일소담
　　　　서울시 성북구 성북동 178-2 (우)136-020
　　　　전화 ㅣ 745-8566~7 팩스 ㅣ 747-3238
　　　　e-mail ㅣ sodam@dreamsodam.co.kr
　　　　등록번호 ㅣ 제2-42호(1979년 11월 14일)
　　　　홈페이지 ㅣ www.dreamsodam.co.kr

ISBN 978-89-7381-814-3 03840

● 책값은 뒤표지에 있습니다.
● 잘못된 책은 구입하신 곳에서 교환해드립니다.

The Prophet

Kahlil Gibran

때가 되면 그대들은 만물에 숨어 있는 목적을 알아차릴 것이기에.
따라서 그대들은 빛을 축복하듯 어둠을 축복하라.

The Prophet

차례

예언자

알무스타파, 선택받은 이며 가장 사랑받은 이, 그 시대의 여명이었던 알무스타파는 오르팰리스에서 열두 해를 보내고 있었다. 고향 섬으로 데려가기 위해 돌아오기로 된 배를 기다리면서.

이윽고 열두 해째 수확의 달 이엘룰(Ielool) 7일, 그는 성밖 언덕에 올라 바다를 바라봤다. 그리고 안개 속에서 오는 자기의 배를 보았다.

그 순간 마음의 문이 활짝 열리면서 그의 기쁨은 바다 멀리 날아갔다. 그는 눈을 감고 고요한 영혼으로 기도했다.

언덕을 내려오는데 갑자기 밀려오는 서글픔, 그는 마음속으로 생각한다.

내가 어찌 슬픔이라곤 없이 평온한 마음으로 떠날 수 있으랴. 아니,

영혼속에 한 점의 상처도 없이 이 도시를 떠나지는 못하리라.

성벽 안에서 보낸 고통의 낮들은 얼마나 길었으며, 고독의 밤들은 또 얼마나 길었던가. 어느 누가 그 고통과 그 고독을 회한 없이 작별할 수 있으랴.

이 거리에 내가 흩뿌린 영혼의 조각들이 무수히 많고, 벌거벗은 채 이 언덕에서 배회하는 내 갈망의 아이들 또한 무수히 많은데 내가 어찌 사무치는 아픔 없이 그들을 떠날 수 있으랴.

내가 오늘 벗어 던지는 이것은 옷이 아니라 내가 내 손으로 뜯어내는 나의 살가죽이다.

내가 두고 가는 것 또한 생각이 아니라 굶주림과 목마름으로 향기로워진 마음이다.

하지만 더는 머무를 수 없다.

만물을 오라고 부르는 바다가 나 또한 부르고 있으니 배에 올라야 한다.

비록 밤에는 시간이 타오를지라도 머문다는 것은 얼어붙는 것이고 굳어버리는 것이고 틀 속에 갇히는 것이다.

여기 있는 모든 것과 함께 갈 수만 있다면! 하지만 내가 어떻게 그럴 수 있으랴.

목소리는 날개를 달아주었던 혀와 입술까지 나를 수는 없다. 목소리는 홀로 하늘을 찾아가야 한다.

둥지를 두고 홀로 태양을 가로질러 날아야 하는 독수리처럼.

언덕 자락에 이르자, 그는 바다를 향해 다시 돌아섰다. 항구에 가까워지고 있는 배, 그 뱃머리에 선 선원들과 고향사람들을 보았다.

뭉클해진 영혼이 고향사람들을 소리쳐 부르자, 그는 말한다.

내 늙은 어머니의 아들들이여, 물결을 타고 오는 이들이여,

그대들은 얼마나 수없이 내 꿈속을 항해하였던가! 그대들은 마침내 내가 깨어나고 있는 때에 도착하였다, 더 깊은 내 꿈이 되어.

나는 떠날 채비가 되어 있다. 나의 열망은 돛을 활짝 펼치고 바람을 기다린다.

이 고요한 대기 속에서 단 한 번만 숨을 들이쉬면, 단 한 번만 내 뒤로 다정한 눈길을 보내면 된다.

그러고 나면 나는 그대들 속에 있으리라, 뱃사람들 중의 한 사람으로.

그리고 당신, 광활한 바다여, 잠자는 어머니여,

강과 시냇물에 유일하게 평화롭고 자유로운 당신,

단 한 번 굽이치는 것으로 이 시냇물을 길들이면, 이 숲 속의 빈터

에서 졸졸 흐르는 소리.

나는 그대들에게 가리라, 무한한 대양에 무한한 물방울로.

그는 걸어가면서 저 멀리서 남자와 여자들이 들판과 포도밭을 떠나 서둘러 성문으로 향하는 것을 보았다.

그는 자신의 이름을 부르는 그들의 목소리를 들었다. 그의 배가 도착했다고 외치는 소리가 들에서 들로 전해지고 있었다.

그는 혼잣말을 중얼거렸다.

작별의 날이 재회의 날도 되는 것인가?

나의 저녁이 실은 나의 새벽이었다고 말해도 될까?

밭고랑 가운데에 쟁기를 내팽개친 이에게, 아니 포도 압착기의 바퀴를 멈춰버린 이에게 나는 무엇을 줄 수 있을까?

내 마음 주렁주렁 열매를 매단 한 그루 나무되어 거둬들인 열매를 그들에게 나눠줄 수 있을까?

나의 욕망 샘물처럼 넘쳐 흘러 그들의 잔을 채울 수 있을까?

나는 거대한 손이 퉁기는 하프인가, 아니면 그 숨결이 스쳐 지나가는 플루트인가?

나는 침묵의 구도자, 내 침묵 속에서 어떤 보물을 찾아내어 자신 있게 나눠줄 수 있을까?

오늘이 내 수확의 날이라면 어느 들에, 어느 잊혀진 계절에 씨를 뿌

렸던 것일까?

내가 정말로 나의 등불을 들어올렸다고 해도 그 속에서 타오르는 것은 나의 불꽃이 아니다.

텅 비고 어두운 등불을 들어올리리라.

그러면 밤의 파수꾼이 그 등에 기름을 채우고 불을 붙이리라.

그는 그렇게 중얼거렸다. 하지만 가슴속에는 미처 하지 못한 말이 많이 남아 있었다. 그 자신도 가장 깊은 비밀은 말할 수 없었기에.

성안으로 들어가자 모두들 그에게 와서 한목소리로 외쳤다.

도시의 연장자들이 나서서 말했다.

아직은 우리를 떠나지 마소서.

황혼기의 우리에게 당신은 한낮이었고, 당신의 젊음은 우리에게 꿈을 주었소.

우리들 속에서 당신은 이방인도 손님도 아니었고, 우리의 아들이자 우리가 가장 사랑하는 사람이었소.

어느새 우리의 눈이 당신의 얼굴을 그리워하지 말게 하소서.

이번에는 남녀 제관들이 말했다.

벌써부터 바다의 물결이 우리를 갈라놓게 하지 마소서. 우리들 속에서 지냈던 세월을 추억이 되지 않게 하소서.

당신은 정신으로서 우리들 속을 지나다녔고, 당신의 그림자는 우리의 얼굴을 비추는 빛이었소.

우리는 당신을 몹시 사랑했으나 그 사랑은 말없이 베일에 감춰져 있었소.

그런데 지금은 그 사랑이 당신에게 큰 소리로 간청하면서 당신 앞에서 베일을 벗고 있소.

작별의 시간이 오기까지는 그 깊이를 모르는 사랑이었소.

다른 사람들도 와서 간청했다.

하지만 그는 아무런 대꾸 없이 그저 고개를 숙이고 있었다. 가까이서 있던 사람들은 가슴으로 떨어지는 그의 눈물을 보았다.

이윽고 그와 사람들은 사원 앞의 넓은 광장으로 향했다.

그러자 신전에서 알미트라는 이름의 여인이 나왔다. 그 여인은 예언자였다.

그는 그녀를 다정한 눈길로 쳐다봤다. 이 도시에 와서 그가 단 하루를 보냈을 뿐인데 제일 먼저 그를 믿고 따랐던 여인이었기에.

그녀는 그를 맞으면서 이렇게 말했다.

신의 예언자여, 절대를 추구하는 분이여, 얼마나 오랜 세월 배를 기다리면서 수평선을 살폈던가.

드디어 당신의 배가 왔으니 떠나야 하겠지요.

추억의 나라와 보다 고귀한 욕망의 땅을 향한 동경이 깊으니 우리의 사랑이 당신을 얽매지 못할 것이고, 당신을 필요로 하는 우리의 욕망도 당신을 붙잡아두지 못하겠지요.

하지만 떠날 채비를 하는 당신에게 우리는 진리의 말씀을 청합니다.

우리는 우리의 아이들에게, 그 아이들은 또 그 자식들에게 그 말씀을 전할 것이니, 그 진리는 결코 사라지지 않을 겁니다.

당신은 고독 속에서 우리의 시대를 지켜주었고, 밤샘을 하면서 우리 잠 속의 울음소리와 웃음소리에 귀기울여주셨지요.

그러므로 이제는 우리가 우리 자신을 발견하게 하시고, 당신이 태어남과 죽음 사이에서 보았던 것을 모두 가르쳐주소서.

그는 이렇게 대답했다.

오르팰리스 사람들이여, 지금 이 순간에 그대들의 영혼속에서 움직이고 있는 것 말고 내가 무엇에 대해 말하겠는가?

사랑에 대하여

그러자 알미트라가 말했다. 사랑에 대해 말씀해주소서.

그는 고개를 들고 사람들을 바라봤다. 정적이 흐르고 있었다. 그는 우렁찬 목소리로 말했다.

사랑이 그대들을 손짓해 부르면 사랑을 따르라.

그 길이 험하고 가파를지라도.

사랑이 그 날개로 그대들을 감싸주면 온몸을 내맡겨라.

그 깃털 속에 숨은 칼이 그대들에게 상처를 입힐지라도.

사랑이 그대들에게 말할 때는 그 말을 믿어라.

북풍이 정원을 황폐하게 만들 듯 그 목소리가 그대들의 꿈을 산산이 부서뜨릴지라도.

사랑은 그대들에게 왕관을 씌어주기도 하고 그대들을 십자가에 못 박기도 하기에. 또한 사랑은 그대들을 성숙시키기도 하고 그대들의 가지를 잘라내기도 하기에.

사랑은 그대들의 가장 높은 데까지 올라가서 햇빛에 떠는 가장 여린 가지들을 어루만져주기도 하고

그대들의 뿌리까지 내려가 대지에 엉겨붙은 뿌리를 흔들어대기도 하기에.

사랑은 밀 다발처럼 그대들을 거둬들이기도 한다.

사랑은 그대들을 벌거벗기려고 타작하기도 한다.

사랑은 그대들의 마른 껍질을 털어내려고 체로 치기도 한다.

사랑은 그대들을 흰 가루가 될 때까지 빻기도 한다.

사랑은 그대들을 말랑말랑해질 때까지 반죽하기도 한다.

그리하여 사랑은 그대들을 그 성스런 불에 올려놓고 신의 성스런 향연을 위한 성스런 빵이 되게 하기도 한다.

사랑은 이 모든 것으로 그대들에게 가슴속의 비밀을 알게 하며, 그 깨달음을 통해 그대들은 한 조각 생명의 심장이 되기도 한다.

하지만 두려운 마음에서 그대들이 오직 사랑의 평화와 사랑의 기쁨만 얻으려 한다면

그대들의 벌거벗은 몸을 가리고 사랑의 타작 마당을 떠나는 편이 좋다.

계절이 없는 세상에서는 그대들이 웃어도 죄다 웃음이 아니며, 울어도 죄다 눈물이 아니다.

사랑은 그 자신 외에는 아무것도 주지도 받지도 않는다.
사랑은 아무것도 소유하지도 소유되지도 않는다.
사랑은 사랑만으로 충분하기에.

사랑할 때는 '신이 내 마음속에 있다' 고 말하지 말고 '내가 신의 마음속에 있다' 고 말하라.
그리고 사랑의 길을 이끌 수 있다고 생각하지 말라. 그럴 만하다고 생각되면 사랑이 그대들이 갈 길을 이끌어줄 것이기에.

사랑은 그 스스로 충족되는 것 이외의 다른 욕망은 없다.
그러나 사랑하지만 욕망 없이 견딜 수 없다면 다음의 것들이 그대들의 욕망이 되게 하라.
밤에 노래를 불러주며 흘러가는 시냇물처럼 녹아 흐르는 것.
너무 지나친 애정은 고통이 된다는 걸 깨닫는 것.
사랑을 깨닫는 것으로 상처받는 것.
기꺼이 그리고 즐겁게 아파하는 것.
새벽에는 날개 단 듯 부푼 가슴으로 깨어나 새날의 사랑에 감사하는 것.

정오에는 사랑의 황홀을 관조하면서 쉬는 것.

저녁에는 감사하는 마음으로 집으로 돌아가는 것.

그리하여 사랑하는 이를 위해 마음속으로 기도하고 찬미의 노래를
부르며 잠드는 것.

결혼에 대하여

또다시 알미트라가 물었다. 스승이여, 결혼이란 무엇입니까?

그는 이렇게 대답했다.

함께 태어났으니 그대들은 영원히 함께 있으리라.

죽음의 하얀 날개가 생을 흩뜨리는 시간까지 그대들은 함께 있으리라.

물론 신의 말없는 기억 속에서도 그대들은 함께 있으리라.

하지만 결합되어 있을 때에는 거리를 두어라.

그리하여 하늘의 바람이 그대들 사이에서 춤추게 하라.

서로를 사랑하되 사랑을 속박으로 만들지 말라.

차라리 그대들 영혼의 기슭 사이에 출렁이는 바다가 있게 하라.

서로의 잔을 채워주되 같은 잔으로 마시지 말라.

서로에게 빵을 주되 같은 빵을 먹지 말라.

함께 노래하고 춤추며 즐기되 그대들은 각자 혼자라는 걸 잊지 말라.

비록 같은 곡을 울릴지라도 류트의 현들이 따로 떨어져 있는 것처럼.

마음을 주되 다른 이의 마음을 붙잡아두려고 하지 말라.

오직 생명의 손만 그대들의 마음을 붙잡아둘 수 있기에.

함께 서 있되 너무 가까이 있지는 말라.

사원의 기둥들이 서로 떨어져 서 있기에.

참나무와 사이프러스나무(편백나무과의 상록 침엽수_역주)는 서로의 그늘 속에서 자랄 수 없기에.

아이들에 대하여

이번에는 아이를 품에 안은 아낙이 말했다. 아이들에 대해 말씀해 주소서.

그는 말했다.

그대들의 아이들이라고 하여 그대들의 아이들은 아니다.

아이들은 스스로 삶을 갈망하는 생명의 아들과 딸들이다.

아이들은 그대들을 통해 나온 것일 뿐 그대들에게서 온 것이 아니다.

그대들과 함께 있을지라도 아이들은 그대들의 소유물이 아니다.

아이들에게 사랑을 주되 그대들의 생각은 주지 말라.

아이들도 자기 생각을 가지고 있기에.

아이들의 육체가 머무는 집을 주되 아이들의 영혼이 머무를 집은 주지 말라.

아이들의 영혼은 그대들이 꿈속에서조차 가 보지 못할 내일의 집에 살고 있기에.

아이들처럼 되려고 노력하되 아이들을 그대들처럼 만들려고 하지 말라.

삶은 되돌아가지 않으며 어제에 머물지도 않기에.

그대들은 활이며, 아이들은 그 활로 쏘아 올린 살아 있는 화살이다.

사랑의 신은 무한한 공간에 표적을 겨누고 있다가 그대들을 있는 힘을 다해 당겨 화살들이 빠르게 그리고 멀리 날아가게 한다.

신의 손에 당겨지는 걸 기뻐하라.

신은 날아가는 화살을 사랑하는 것과 마찬가지로 안정된 활도 사랑하기에.

나눔에 대하여

이어서 부자가 말했다. 나눔에 대해 말씀해주소서.

그는 대답했다.

가진 것을 나눠주는 것은 진정으로 주는 것이 아니다.

그대 자신을 아낌없이 나눠줄 때야말로 진정으로 주는 것이다.

그대들의 재산이란 내일에 대한 두려움 때문에 간직하고 지키는 것이 아니고 무엇인가?

성도로 향하는 순례자들을 뒤따르면서도 자취를 남기지 않는 모래 속에 뼈다귀를 묻어두는 소심한 개에게 내일이 무엇을 가져다줄 것인가?

부족함에 대한 두려움이란 그 자신의 부족함이 아니고 무엇인가?

우물에 물이 그득할 때도 목마름을 두려워한다는 것은 가실 줄 모르는 목마름이 아닌가?

가진 것이 많으면서도 조금만 주는 이들이 있는데, 그들은 과시하고픈 욕망 때문에 주는 것이니 그 감춰진 욕망은 그들이 준 선물을 오히려 해로운 것으로 만든다.

조금밖에 가지지 않았으면서도 전부를 다 주는 이들이 있다.

이들이야말로 삶을 믿고, 삶의 관대함을 믿는 이들이며, 그들의 금고는 결코 비지 않는다.

기쁜 마음으로 쥬는 이들이 있는데, 이 기쁨이야말로 그들이 받는 보상이다.

괴로운 마음으로 주는 이들이 있는데, 이 괴로움이야말로 그들이 받는 세례이다.

나눠주면서 마음 아파하지도, 기쁨을 기대하지도, 덕을 베푼다는 생각도 없이 주는 이들이 있다.

이들이야말로 저기 계곡의 은매화가 대기 속에 향기를 내뿜듯 나눠주는 이들이다.

신은 그런 이들의 손을 통해 말씀하시고, 그들의 눈을 통해 대지에 미소를 짓는다.

청을 받았을 때 주는 것도 좋은 일이되 청을 받지 않아도 헤아리는 마음으로 주는 것은 더욱 좋은 일이다.

관대한 사람에게는 받을 이를 찾는 것이 주는 기쁨 자체보다 더욱 큰 기쁨이다.

　움켜쥐고 있는 것이 무슨 소용 있는가?

　그대들이 가진 것은 모두 언젠가는 나눠질 것인데.

　오늘 나눠줘라. 베푸는 때가 후손의 것이 아니라 그대들의 것이 되게 하라.

　그대들은 자주 말한다. '그럴 가치가 있는 이들에게만 주겠다' 고.

　그대들이 키우는 과수원의 나무들도, 초원의 양떼도 그렇게 말하지 않는다.

　그들은 살아남기 위해 주는 것이다. 움켜쥐고 있는 것은 곧 소멸하는 것이기에.

　낮과 밤을 맞이할 자격이 있는 이는 분명히 그대들로부터 무엇이든 받을 자격이 있다. 삶의 바다에서 마실 자격이 있는 이는 그대들의 작은 시냇물에서 잔을 채울 자격이 있다.

　용기와 확신과 자비를 지닌 마음이 주는 것보다 더 환영받을 만한 것이 무엇인가?

　그대들이 대체 무엇인데 사람들에게 가슴을 찢으며 자존심을 버리게 하는 것이며, 그대들이 대체 무엇인데 그들의 벌거벗겨지고 뭉개진 자존심을 보는 것인가?

　그대들은 무엇보다도 베푸는 사람으로서의 자격이 있는지를 생각해야 한다.

베푼다고 생각하는 그대들은 한낱 증인에 불과할 뿐 실제로는 생이 베푸는 것이기에.

그대들은 모두 받는 이들이니 그대들 자신에게나 베푸는 이에게나 멍에가 되지 않도록 부담감을 느끼지 말아야 한다.

차라리 베푸는 이와 함께 날개처럼 그가 준 선물 위로 날아 올라라.

그대들이 진 빚을 너무 마음에 두는 것은 관대한 대지를 어머니로, 신을 아버지로 둔 이의 너그러운 마음을 의심하는 것이 되기에.

먹는 것과 마시는 것에 대하여

그러자 여인숙 주인인 노인이 말했다. 먹는 것과 마시는 것에 대해 말씀해주소서.

그는 이렇게 말했다.

빛에 의존해 사는 한데의 식물처럼 그대들이 대지의 향기로 살게 되기를.

하지만 먹기 위해서는 죽여야 하고 목마름을 달래기 위해서는 갓난애에게서 어머니의 젖을 떼어야 하기에 경건한 마음으로 행하라.

식탁을 제단으로 세우라. 그 제단에 숲과 들에서 가져온 순수하고 무구한 것을 올리고 인간 내면의 가장 순수하고 무구한 것을 위한 제물로 바치도록 하라.

짐승을 잡을 때는 마음속으로 이렇게 말하라.

"너를 죽이는 것과 똑같은 힘에 나 역시 살해되어 먹이가 될 것이다.

내 손에 너를 넘겨준 법칙이 더 강한 손에 나 역시 넘길 것이기에.

네 피와 내 피는 하늘의 나무에 양분을 주는 수액에 지나지 않는다."

사과를 깨물 때는 마음속으로 이렇게 말하라.

"너의 씨들이 내 몸 속에서 살리라.

그리고 내일의 싹들이 내 가슴속에서 꽃을 피우리라.

너의 향기 내 숨결이 되리라.

그리하여 우리는 함께 모든 계절을 누리리라."

가을에 포도를 거둬들이고 압착할 때는 마음속으로 이렇게 말하라.

"나 역시 포도밭이니 내 열매도 거둬들여지리라.

새로운 포도주처럼 나도 만년 항아리에 담겨지리라."

겨울에 익은 포도주를 따를 때에는 그 술잔마다 마음의 노래를 불러라.

그리하여 그 노래 속에 가을날들과 포도밭, 포도 압착기의 추억이 담기게 하라.

일에 대하여

그러자 한 농부가 말했다. 일에 대해 말씀해주소서.

그는 이렇게 대답했다.

일을 한다는 것은 대지와 그 영혼과 보조를 맞춰나가기 위한 것이다.

빈둥거리며 노는 이들은 계절에 이방인이 되는 것이니 무한을 향해 복종하되 당당하고 의젓하게 나아가는 생의 행렬에서 벗어나는 것이다.

일할 때의 그대들은 시간의 속삭임이 음악으로 흘러나오는 피리가 되는 것이다.

만물이 함께 어울려 노래할 때 그대들 중 어느 누가 말 못하는 조용한 갈대가 되고자 하겠는가?

그대들은 늘 일하는 것은 저주고, 노동하는 것은 불행이라고 말해 왔다.

하지만 일을 하면 애초에 그대들에게 할당되었던 대지의 가장 고귀한 꿈의 일부를 실현하는 것이다.

일과 조화를 이루는 것이야말로 진실로 생을 사랑하는 것이다.

노동을 통해 삶을 사랑하는 것, 그것이야말로 삶의 가장 깊은 비밀을 터득하는 것이다.

하지만 고통스럽다고 태어나는 것은 불행이며, 육체의 짐을 지는 것은 이마에 새겨진 저주라고 생각한다면, 나는 대답하련다. 이마에 흐르는 땀만 그 저주를 씻어준다고.

삶은 암흑이라고도 말하는데 피로에 지쳐 있다는 것은 피로가 말하는 것을 메아리치는 것이다.

강한 충동이 있을 때를 제외하면 삶은 정말로 암흑이다.

이해가 있을 때를 제외하면 모든 충동은 맹목적인 것이다.

일할 때를 제외하면 모든 이해는 헛된 것이다.

사랑이 없으면 모든 일은 가치가 없는 것이다.

사랑으로 일하면 자기 자신, 타인, 그리고 신에게 결합되는 것이다.

그렇다면 사랑으로 일한다는 것이 무엇인가?

가슴에서 뽑아낸 실로 옷을 짓는 것이다. 마치 사랑하는 이에게 입힐 옷을 짓듯이.

정성을 다해 집을 짓는 것이다. 마치 사랑하는 이가 살게 될 집을 짓듯이.

애정을 가지고 씨를 뿌리고 기쁜 마음으로 수확하는 것이다. 마치 사랑하는 이가 먹을 열매를 키우듯이.

그대들이 만들어내는 모든 것에 영혼을 불어넣는 것이다.

그리하여 축복받은 죽음들이 모두 그대들 곁에 서서 지켜보고 있다는 걸 깨닫는 것이다.

마치 잠꼬대라도 하듯이 그대들이 하는 말을 나는 자주 들었다.

"대리석을 조각하면서 그 돌에서 자기 영혼의 모습을 발견하는 이는 땅을 가는 이보다 고귀하다.

무지개를 잡아서 인간의 모습으로 화폭에 담아내는 이는 신발을 짓는 이보다 더 낫다."

하지만 나는 잠꼬대가 아니라 잠을 완전히 깬 똑똑한 정신으로 말하련다. 바람은 큰 떡갈나무라고 해서 하잘것없는 풀 포기보다 더 다정하게 말을 건네지는 않는다고.

자신의 사랑으로 바람의 소리를 더욱 감미로운 노래로 바꾸는 이야말로 위대한 것이다.

　일은 사랑을 보이게 한다.

　사랑하는 마음이 아니라 마지못해서 할 수밖에 없다면 일을 그만
두고 사원 앞에 앉아 기쁜 마음으로 일하는 이들에게 구걸하는 편이
더 나으리라.

　성의 없이 빵을 굽는다면 쓴맛이 나서 배고픔을 절반밖에 채워주
지 못하기에.

　악한 감정으로 포도를 밟는다면 그 혐오감이 포도주에 독으로 방
울방울 떨어질 것이기에.

　천사처럼 노래할지라도 사랑이 없는 노래라면 사람들의 귀를 먹게
하여 낮의 소리도 밤의 소리도 들을 수 없게 하기에.

기쁨과 슬픔에 대하여

그러자 한 여인이 말했다. 기쁨과 슬픔에 대해 말씀해주소서.

그는 대답했다.

기쁨은 가면을 벗은 슬픔이다.

웃음이 솟아나는 바로 그 우물이 때로는 눈물로 채워져 있다.

어떻게 그럴 수 있느냐고?

슬픔이 그대들의 몸 속을 파고들면 들수록 더욱 큰 기쁨을 담을 수 있다.

포도주가 담긴 잔은 바로 도공의 가마에서 구워진 잔이 아닌가.

영혼을 달래주는 류트는 바로 칼로 속을 파낸 나무가 아닌가.

기쁠 때 가슴속을 들여다보면, 슬픔을 주었던 것이 기쁨도 주었다는 걸 알게 되리라.

슬플 때 가슴속을 다시 들여다보면 슬퍼하는 것은 기뻐했던 것 때

문임을 알아차리게 되리라.

　그대들 중 어떤 이들은 이렇게 말한다. "기쁨이 슬픔보다 더 크다"
고. 또 이렇게 말하는 이들도 있다. "아니, 슬픔이 더 크다"고.
　하지만 나는 이렇게 말하련다. 기쁨과 슬픔은 떼어놓을 수 없다.
　기쁨과 슬픔은 함께 오는 것이니 둘 중 하나만 식탁에 올랐을 때는
다른 하나는 침대에서 자고 있다는 걸 기억하라고.

　실제로 그대들은 기쁨과 슬픔 사이에 저울처럼 매달려 있다.
　텅 비어 있을 때에만 정지 상태에서 균형을 잡을 수 있다.
　보물을 가진 이가 금과 은의 무게를 재기 위해 그대들을 들어올릴
때, 저울을 기울게 하는 것은 기쁨과 슬픔이다.

집에 대하여

이번에는 석공이 나와서 말했다. 집에 대해 말씀해주소서.

그는 이렇게 대답했다.

도시의 성벽 안에 집을 세우기에 앞서 벌판에 상상의 정자를 지어라.

저녁에 집으로 돌아올 때, 그대들 속에서 언제나 멀찍이 떨어져 있는 고독한 방랑자도 돌아오기에.

집은 그대들의 가장 큰 몸.

집은 햇빛 속에서 자라고 밤의 고요 속에서 잠들며 꿈을 꾼다. 그대들의 집은 꿈꾸지 않는가? 집은 꿈속에서 도시를 떠나 숲과 언덕 꼭대기로 향하지 않는가?

그대들의 집을 내 손안에 거두어서 씨뿌리는 사람처럼 그 집들을 숲과 들판에 뿌릴 수 있다면.

그리하여 나의 바람대로 골짜기는 거리가 되고, 푸른 오솔길이 된다면 그대들은 포도밭을 돌아다니면서 옷에 대지의 그윽한 향기를 묻혀 돌아오련만.

하지만 아직은 그런 일이 일어날 때가 아니다.

조상들은 두려움에 떨면서 그대들을 너무 가까이 모아 놓았다. 그 두려움은 얼마 동안 더 계속되리라. 성벽은 그대들과 집과 들판 사이에 얼마 동안 더 장벽이 되어주리라.

말해보라, 오르팰리스 사람들이여, 그대들은 집에 무엇을 가지고 있는가? 그대들은 대문에 빗장을 치고서 무엇을 지키고 있는가?

그대들은 평온한 마음을 가지고 있는가, 그대들의 힘을 보여줄 조용한 충동을?

그대들은 기억하고 있는가, 마음과 마음의 절정을 이어주는 반짝이는 둥근 천장을?

그대들은 아름다움을 가지고 있는가, 나무와 돌로 만들어진 것들을 통해 가슴을 성스런 산으로 이르게 하는 아름다움을?

말해보라, 그대들은 이런 것들을 집에 가지고 있는가?

그대들은 오로지 안락함과 안락함에 대한 본능적 욕망을 가지고 있는가, 손님처럼 그대들의 집에 슬그머니 들어와서 주인도 되고 손님도 되는 안락함을?

또한 길들이는 사람이 되어 갈고리와 채찍으로 그대들의 큰 욕망을 꼭두각시로 만든다.

그 손길은 비단결 같아도 마음은 비정하다.

요람을 흔들어주는 것은 그대들을 잠재우기 위해서가 아니라 침대 앞에 서서 기품 있는 육신을 비웃어주기 위해서다.

그대들의 건전한 성욕을 비웃으면서 엉겅퀴 솜털로 감싸준다. 깨지기 쉬운 유리그릇이라도 되듯.

안락함에 대한 본능적 욕망은 영혼의 열정을 죽이고 나서 장례행렬을 냉소한다.

하지만 공간의 아이들인 그대들, 잠자리에 들어도 잠 못 이루는 그대들은 덫에 걸려들지도 길들여지지도 않으리라.

집은 결코 닻이 아니라 돛대이다.

집은 상처를 덮어주는 반짝이는 얇은 베일이 아니라 눈을 보호하는 눈꺼풀이다.

문지방을 넘기 위해 날개를 접지도, 천장에 부딪힐까 머리를 숙이지도, 벽이 무너져 내릴까 숨을 죽이지도 말라.

그대들은 결코 죽은 자가 산 자를 위해 파놓은 무덤에서 살지 말라.

아무리 호화찬란한 집이라고 해도 그대들의 비밀을 지켜주지도, 그대들의 갈망을 가둬주지도 못한다.

그대들 안의 무한한 것은 하늘 궁전에 머물고 있으며, 아침 안개가 문이고, 밤의 노래와 고요가 창문인 궁전이기에.

옷에 대하여

방직공이 말했다. 옷에 대해 말씀해주소서.

그는 말했다.

옷은 그대들의 아름다움을 많이 가리지만, 추함을 가리지는 못한다.

그대들은 옷에서 자유를 얻으려고 하지만 그것이 갑옷과 사슬이 된다는 걸 알게 되리라.

옷을 덜 입음으로써 그대들의 살이 햇빛과 바람을 더 많이 만날 수 있기를.

생명의 숨결은 햇빛 속에 있고, 생명의 손길은 바람 속에 있기에.

그대들 중 몇 사람은 이렇게 말한다. "우리가 입은 옷을 짠 이는 북풍이라"고.

맞다, 그건 북풍이었다.

하지만 북풍의 베틀은 부끄러움이고, 그 실은 연약해진 힘줄이다.

그리고 일을 끝내고 나면 북풍은 숲에서 웃었다.

잊지 말라. 정숙함은 부도덕한 눈으로부터 지켜주는 갑옷과 투구라는걸.

하지만 부도덕한 눈이 사라지고 나면 정숙함은 족쇄가 되고, 마음의 퇴폐가 되지 않겠는가?

잊지 말라. 대지는 그대들 맨발의 감촉을 즐기며, 바람은 그대들의 머리칼과 장난치고 싶어한다는걸.

사고 파는 행위에 대하여

이번에는 장사꾼이 말했다. 사고 파는 행위에 대해 말씀해주소서.

그는 이렇게 대답했다.

대지가 열매를 주니 그대들은 손에 넣는 방법만 알면 부족함이란 없으리라.

대지와 선물을 주고받음으로써 그대들은 풍요와 만족을 찾으리라.

하지만 주고받는 것이 사랑과 정의로 이뤄지지 않는다면 어떤 이들은 탐욕에 이르고, 또 어떤 이들은 굶주림에 이르리라.

바다와 들, 포도밭에서 일하는 그대들이 장터에서 직공과 도공, 향료 장수들과 만나면

대지의 정령에게 빌라. 그대들에게 와서 저울과 값어치를 매기는 가격을 축성(祝聖)해달라고.

빈손으로 온 이들에게는 거래에 끼여드는 걸 허락하지 말라. 그런

사람들은 그대들의 노고를 입으로만 거저먹으려고 하기에.

그들에게 이렇게 말하라.

"우리와 함께 들로 갑시다. 아니면 우리 형제를 따라 바다로 나가 그물을 던지시오.

대지와 바다는 우리에게 그런 것처럼 당신들에게도 너그러우니까."

노래 부르는 이들과 춤추는 이들, 피리 부는 이들이 오면 그들의 선물 또한 사주어라.

그들 역시 열매와 향을 거둬들이는 이들이며, 그들이 가져오는 것은 꿈이 만든 것일지라도 영혼을 위한 의복이자 양식이기에.

장터를 떠나기에 앞서서 빈손으로 떠나는 사람이 없는지 확인하라.

대지의 정령은 그대들이 원하는 최소한의 욕구가 채워지지 않는 한 바람 위에서 평화롭게 잠들지 못하기에.

죄와 벌에 대하여

그러자 판사 한 명이 앞으로 나와 말했다. 죄와 벌에 대해 말씀해 주소서.

그는 이렇게 대답했다.

그대들의 영혼이 정처 없이 바람 따라 떠돌 때

바로 그때가 방심한 그대들이 타인과 자기 자신에게 잘못을 저지르는 순간이다.

그 잘못에 대한 벌로 그대들은 천국의 문을 두드리고 한동안 무시당한 채로 기다려야 한다.

그대들의 신적인 자아는 대양과도 같아서

영원히 더럽혀지지 않는다.

또한 하늘처럼 날개 있는 이들만 품어준다.

그대들의 신적인 자아는 태양과도 같아서

두더지의 길도 모르고 뱀 소굴도 찾지 못한다.

하지만 신적 자아만 그대들 안에 머무는 것이 아니다.

그대들 안의 많은 부분이 인간이고, 또 많은 부분이 아직은 인간이 아니기도 하기에.

그건 깨어나기 위해 잠든 채로 안개 속을 헤매는 볼품없는 난쟁이에 불과한 것이다.

지금 내가 말하고자 하는 것은 그대들 안의 인간에 대한 것이다.

죄와 죄에 대한 벌을 아는 것은 안개 속의 난쟁이나 그대들의 신적 자아가 아니라 바로 그대들 안에 있는 인간이기에.

나는 그대들이 마치 죄인은 그대들 중 한 사람이 아니라 그대들 안에 있는 이방인, 그대들의 세계에 들어온 침입자라도 되는 듯이 말하는 걸 종종 들어왔다.

나는 이렇게 말하련다. 성인이나 의인도 그대들 각자 안에 있는 고귀한 것 이상으로 오를 수는 없다고.

악한 사람이나 유약한 사람도 그대들 안에 있는 천한 것 이하로 떨어질 수는 없다고.

한 개의 나뭇잎이라도 나무 전체의 묵계가 있어야만 노랗게 물드는 것과 마찬가지로 죄인도 그대들 모두의 은밀한 의지가 있어야만 잘못을 저지른다고.

그대들은 행렬을 이루듯 그대들의 신적인 자아를 향해 함께 나아간다.

그대들은 길이자 나그네.

그대들 중 한 사람이 넘어지면, 그는 넘어짐으로써 뒤에 오는 이들에게 발부리에 채이는 돌이 있음을 알려주는 것이다.

더 빠르고 더 확실한 걸음으로 앞서갔는데도 걸림돌을 없애지 못했던 이들을 대신해 넘어지는 것이다.

이제부터 하려는 말도 그대들의 가슴을 무겁게 만들 것이 틀림없다.

살해된 사람은 자신이 살해된 것에 대해 책임이 없지 않다.

도둑맞는 사람은 도둑맞은 것에 대해 책임이 없지 않다.

정의로운 사람은 부당한 행위에 대해 무관하지 않다.

결백한 사람은 중죄 행위에 대해 무관하지 않다.

가해자는 때때로 피해자의 희생물이 된다.

죄인은 무고한 사람의 짐을 대신 지는 사람에 불과하다.

그대들은 정의로운 자와 부정한 자, 선한 자와 악한 자를 구별하지 못한다.

그들은 흰 실과 검은 실이 함께 짜여 있는 것처럼 태양 앞에 같이 서 있기에.

검은 실이 끊어지면 베 짜는 이는 천도 살펴보고 베틀도 살피기에.

그대들 중 누군가가 부정한 아내를 비난하면

남편의 마음도 저울에 달아보게 하고, 영혼도 자로 재어보게 하라.

죄인을 벌하려는 사람은 당하는 사람의 영혼도 살펴야 한다.

그대들 중 누군가가 정의의 이름으로 벌하고, 썩은 나무에 도끼질을 하려고 한다면

그 나무의 뿌리를 살펴보게 하라.

그러면 그는 선과 악의 뿌리, 열매를 맺는 뿌리와 열매를 맺지 않는 뿌리가 대지의 말없는 품에 서로 뒤엉켜 있음을 알게 되리라.

공정한 재판을 갈망하는 그대들.

육체적으로는 정직하지만 정신적으로 부정직한 사람에게 어떤 판결을 내리겠는가?

육체적으로는 살해자지만 정신적으로는 피살된 사람에게 어떤 벌을 내리겠는가?

그대들은 사기치는 압제자를 어떻게 심판할 것인가?

그가 실은 고통을 당하면서 학대를 받은 사람이라면?

지은 죄보다 더 많이 양심의 가책에 시달리는 사람들을 어떻게 벌할 것인가?

양심의 가책은 그대들이 준수한다고 주장하는 바로 그 법이 원하는 정당한 벌이 아닌가?

그대들은 무고한 사람에게 양심의 가책을 강요할 수도, 죄지은 사람의 가슴에서 양심의 가책을 끌어낼 수도 없다.

양심의 가책은 사람들이 스스로 일어나 응시할 때까지 어둠 속에서 외친다.

정의로움을 깨닫고 싶어하는 그대들, 모든 행위를 햇빛 속에서 관찰하지 않는다면 어떻게 깨달을 것인가?

그대들은 알게 되리라. 의로운 자와 의롭지 않은 자는 무능한 자아의 밤과 신적인 자아의 낮 사이의 어스름 속에 서 있는 사람들에 지나지 않는다는 것을.

사원의 주춧돌은 가장 낮은 초석보다 높지 않다는 것을.

법에 대하여

그러자 한 법학자가 말했다. 법에 대해 말씀해주소서.

그는 이렇게 대답했다.

그대들은 법 만들기를 좋아한다.

하지만 법 깨뜨리기를 더 좋아한다.

바닷가에서 모래탑을 공들여 쌓았다가 깔깔대면서 부서버리는 아이들처럼.

모래탑을 쌓는 동안 바다는 더 많은 모래를 해안으로 보내주고, 모래탑을 부술 때 바다는 그대들과 함께 웃음을 터뜨린다.

실제로 바다는 언제나 천진난만한 이와 함께 웃기에.

하지만 생이 바다와 같지 않아서 인간이 만든 법은 모래탑이 아니며,

자기들에게 있어 생은 바위일 뿐이며, 법은 바위를 자기들과 흡사한 모습으로 깎는 정일 뿐이라고 여기는 이들에 대해서는 뭐라고 하겠는가?

춤추는 이들을 미워하는 절름발이에 대해서는 뭐라고 하겠는가?

멍에를 좋아해서 숲의 노루며 사슴은 길 잃고 헤매는 떠돌이에 지나지 않는다고 여기는 황소에 대해서는 뭐라고 하겠는가?

자기가 허물을 벗지 못한다고 해서 발가벗은 다른 뱀들에게 수치를 모른다고 소리치는 늙은 뱀에 대해서는 뭐라고 하겠는가?

혼인 잔치에 일찌감치 나타나 실컷 배를 채운 뒤에 떠나면서 잔치란 잔치는 모두 위법이며, 잔치를 베푸는 자들은 모두 법을 위반하는 자들이라고 말하는 이에 대해서는 뭐라고 하겠는가?

햇빛 속에 서 있지만 해를 등지고 있는 이들에 대해 나는 뭐라고 말할 것인가?

그들은 그림자만 보고 있고, 그 그림자는 그들의 법이다.

그럼 그들에게 있어 해란 그림자를 던지는 것에 지나지 않는가?

그렇다면 법을 인정한다는 것은 허리를 숙이고 대지에 드리워진 그림자를 쫓는 것이 아니고 무엇인가?

하지만 해를 마주보며 걸어가는 그대들, 대지에 그려진 어떤 모습이 그대들을 제압할 수 있을 것인가?

바람 따라 여행하는 그대들, 어떤 바람개비가 그대들의 여로를 인도할 것인가?

그대들이 인간이 만든 감옥의 문이 아니라 멍에를 부순다면 인간이 정한 어떤 법이 그대들을 구속할 수 있을 것인가?

그대들이 인간이 만든 쇠사슬에 비틀거리지 않고 춤을 춘다면 어떤 법이 그대들을 두렵게 할 수 있을 것인가?

그대들이 옷을 벗어 인간의 길이 아닌 데에 버린다면 누가 그대들을 심판할 수 있을 것인가?

오르팰리스 사람들이여, 그대들은 북소리를 희미하게 할 수도 있고, 리라의 현을 느슨하게 할 수도 있다. 그러면 종달새에게 노래하지 말라고 명할 수 있는 사람은 누구인가?

자유에 대하여

이번에는 한 웅변가가 말했다. 자유에 대해 말씀해주소서.

그는 이렇게 대답했다.

그대들이 성문 앞에서 그리고 보금자리에 꿇어 엎드려 자유에 경배하는 것을 나는 보았다.

죽이려고 하는 폭군 앞에서 비굴하게 경의를 표하는 노예들처럼.

사원의 숲에서 그리고 요새의 그늘에서 그대들 중 가장 자유로운 이가 자유를 멍에처럼 걸치고, 수갑처럼 차고 있는 것을 나는 보았다.

내 가슴은 내 안에서 피를 흘렸다. 자유에 대한 욕망이 그대들에게 몸을 구속하는 마구가 될 때, 자유가 목적이자 성취처럼 말하지 않을 때만 비로소 그대들은 자유로울 수 있기에.

그대들은 실로 자유로워지리라. 근심 없는 낮이나 욕망도 슬픔도

없는 밤이 아니라,

이 모든 것들이 그대들의 삶을 포위할지라도 그것들을 극복하고 훌훌 벗어 던졌을 때에.

깨달음의 새벽에 한낮의 시간을 묶었던 사슬들을 끊지 않는다면 그대들이 어떻게 낮과 밤을 극복할 수 있겠는가?

실제로 그대들이 자유라고 부르는 것은 그 사슬들 중에서 가장 강한 것이다. 비록 그 고리들이 햇빛에 반짝이며 눈을 부시게 할지라도.

자유로워지기 위해 버리려고 하는 것은 그대들 존재의 일부분이 아니고 무엇인가?

불공평한 법이라서 폐지하고 싶어도 그것은 그대들의 손으로 그대들의 이마에 직접 새긴 법이다.

법전을 불사른다고 해도, 바닷물을 퍼부어 재판관의 이마를 씻는다고 해도 그 법을 지울 수는 없다.

그대들이 폐위시키려고 하는 것이 폭군이라면, 그대들 안에 세워져 있는 그의 왕좌가 무너졌는지를 먼저 확인하라.

자유 속에 포학함이라곤 없고, 자존심 속에 수치심이라곤 없다면 폭군이라고 한들 어떻게 자유로운 사람과 자존심이 강한 사람까지 다스릴 수 있겠는가?

그대들이 떨치고 싶어하는 것이 근심이라면, 그것은 강요된 것이라기보다 그대들이 선택한 것이다.

그대들이 없애고 싶어하는 것이 두려움이라면, 그 두려움의 자리는 두렵게 하는 자의 손에 있는 것이 아니라 그대들의 가슴속에 있다.

바라는 것과 두려워하는 것, 싫어하는 것과 좋아하는 것, 추구하는 것과 피하고 싶어하는 것, 이 모든 것들은 그대들 존재 안에 반은 뒤엉킨 채로 끊임없이 움직이고 있다.

이것들은 그대들 안에서 얼싸안은 한 쌍의 빛과 그림자처럼 움직인다.

그림자가 희미해지다 사라지면 늑장부리던 빛이 또 다른 빛의 그림자가 된다.

이렇듯 그대들의 자유도 족쇄를 없애면 더 큰 자유의 족쇄가 되는 것이다.

이성과 열정에 대하여

그러자 여제관이 다시 말했다. 이성과 열정에 대해 말씀해주소서.

그는 이렇게 대답했다.

그대들의 영혼은 때때로 분별력과 이성이 열정과 욕망에 대항해 싸우는 싸움터가 된다.

내가 그대들의 영혼을 위한 중재인이 되어 그대들의 일관성이 없고 상반되는 요소들을 일관성이 있는 조화로운 것으로 바꿔줄 수만 있다면!

하지만 그대들 자신이 중재인이 되려 하지도, 또 그 요소들을 모두 사랑할 생각도 하지 않는다면 내가 어떻게 그럴 수 있겠는가?

그대들의 이성과 열정은 항해하는 영혼의 키이며 돛이다.

돛이나 키가 부서지면 그대들은 파도에 휩쓸려 떠내려가거나 바다

한복판에서 표류할 수밖에 없으리라.

이성은 혼자 힘으로 지배하기에는 한계가 있고, 열정은 그냥 내버려두면 소멸될 때까지 다 타버리는 불꽃에 지나지 않기에.

그러므로 그대들의 영혼으로 하여금 이성을 열정의 최고 높이까지 끌어올려서 노래부르게 하라.

그리고 이성으로 열정을 지배하라. 잿더미 속에서 다시 태어나는 불사조처럼 열정이 날마다 되살아나도록.

나는 그대들이 판단력과 욕망을 귀하게 여기기를 바란다. 집에 온 두 분의 귀한 손님을 대하듯이.

물론 그대들은 한 손님만 극진하게 대하지 말아야 한다. 그러면 두 사람 모두에게서 신뢰와 애정을 잃을 것이기에.

언덕을 오르다 은백양나무들의 시원한 그늘에 앉아서 먼 들판과 초원의 평온함과 고요를 공유하고 있노라면 가슴이 조용히 이렇게 말한다. "신은 이성 속에 계신다"라고.

폭풍이 불어닥치면서 세찬 바람이 숲을 흔들고, 천둥번개가 하늘의 위엄을 내보이면, 가슴이 경외하는 마음으로 이렇게 말한다. "신은 열정 속에서 움직이신다"라고.

신의 영역 속에 있는 숨결이자 신의 숲에 있는 잎사귀에 지나지 않

게 되면서부터 그대들도 이성 속에 있게 되고, 열정 속에서 움직이게
되리라.

고통에 대하여

한 여인이 말했다. 고통에 대해 말씀해주소서.

그는 이렇게 말했다.

그대들의 고통은 이해의 껍질이 깨지는 것이다.

과일의 씨가 햇빛을 받으려면 쪼개져야 하듯이 그대들은 고통을 알아야 한다.

일상의 기적들을 보며 그 경이를 가슴속에 간직할 수 있다면 그대들의 고통은 기쁨 못지 않게 경이롭게 여겨지리라.

들판을 지나가는 계절을 언제나 받아들였듯이 가슴의 계절도 받아들여라.

그리고 고뇌의 겨울을 통해 평온한 마음으로 바라보라.

고통의 대부분은 스스로 선택한 결과이다.

쓴 약은 그대들 안에 있는 의사가 병든 자아를 치료하기 위해 처방

한 것이다.

그 의사를 믿고, 그 약을 말없이 평온한 마음으로 마시라.

귀찮고 거칠어 보일지라도 그 손길은 보이지 않는 신의 관대한 손이 인도하는 것이기에.

그대들의 입술을 태울 듯이 뜨거울지라도 의사가 내미는 잔은 도공이 된 신의 성스런 눈물로 적신 진흙으로 빚은 것이다.

자기 인식에 대하여

이번에는 한 남자가 말했다. 자기 인식에 대해 말씀해주소서.
그는 이렇게 대답했다.
그대들의 가슴은 조용히 낮과 밤의 비밀을 알고 있다.
하지만 그대들의 귀는 가슴의 인식을 소리로 듣길 갈망한다.
그대들은 늘 생각으로 알고 있는 것을 말로 듣고 싶어한다.
그대들은 꿈의 벗은 몸뚱이를 손가락으로 만져보고 싶어한다.

그렇게 하는 것은 좋다.
그대들 영혼의 보이지 않는 수원(水源)은 솟아올라 웅얼거리면서
바다로 향하기 마련이니.
그리고 그대들 속 무한히 깊은 곳의 보물은 그대들의 눈에 드러나
기 마련이니.

하지만 미지의 보물 무게를 저울에 달려고 하지 말라.

인식의 깊이를 자나 측심연(測深鉛)으로 재려고 하지 말라.

자아는 크기를 잴 수 없는 무한한 바다이기에.

하지만 이렇게 말하지 말라. "나는 진리를 찾았다"라고. 그보다는 차라리 이렇게 말하라. "어떤 진리를 찾았다"라고.

이렇게 말하지 말라. "영혼의 길을 찾았다"라고. 그보다는 차라리 이렇게 말하라. "내 길을 가는 영혼을 만났다"라고.

영혼은 모든 길을 걸어가기에.

영혼은 어떤 선을 따라 곧장 전진하는 것도 갈대처럼 자라지도 않는다.

영혼은 꽃잎 무수한 연꽃이 봉오리를 터뜨리듯 스스로 열린다.

가르침에 대하여

그러자 한 교사가 말했다. 가르침에 대해 말씀해주소서.

그는 이렇게 말했다.

그 누구도 인식이 깨어날 무렵에는 이미 반쯤 잠든 채로 누워 있다는 것 외에는 아무것도 드러내줄 수 없다.

제자들에게 둘러싸여 사원의 그늘을 걸어가는 스승은 지혜를 주는 것이 아니라 신념과 사랑을 준다.

진실로 현명한 스승은 지혜의 집으로 들어가라고 명하는 것이 아니라 마음의 문턱까지 그대들을 인도해준다.

천문학자는 우주에 대한 지식을 말해줄 수는 있으나 자기의 지식을 줄 수는 없다.

음악가는 전 우주가 표현하는 리듬을 노래해줄 수는 있으나 그대들에게 그 리듬을 감지하는 귀를, 그 리듬을 울리는 목소리를 줄 수는 없다.

수학자는 무게와 길이의 세계에 대해 말해줄 수는 있으나 그대들을 그 세계로 인도할 수는 없다.

한 인간의 상상력이 타인에게 상상의 날개를 빌려줄 수는 없는 것이기에.

누구나 혼자서 신을 알아내듯 그대들은 각자 혼자서 신을 알아내고 대지를 이해해야 한다.

우정에 대하여

이번에는 한 청년이 말했다. 우정에 대해 말씀해주소서.

그는 이렇게 말했다.

친구는 이미 충족된 그대들의 욕망이다.

친구는 사랑하는 마음으로 씨를 뿌리고 감사하는 마음으로 거둬들이는 그대들의 들이다.

친구는 그대들의 식탁이자 보금자리이다.

배가 고파서 찾는 것이 친구이고, 마음의 평안을 위해 찾는 것이 친구이기에.

친구가 속마음을 털어놓을 때는 솔직하게 반대하길 두려워하지도 그 뜻을 따르길 두려워하지도 말라.

친구가 침묵을 지키고 있으면 그대들도 묵묵히 친구가 가슴으로 하는 소리를 가슴으로 들어라.

우정 속에서는 말 없이도 모든 생각, 모든 욕망, 모든 희망이 태어나고, 갈채받지 않는 것도 기쁨으로 나누어지기에.

친구와 헤어질 때는 슬퍼하지 말라.

친구에게서 가장 사랑하는 것은 그가 없을 때 더욱 또렷이 드러나는 것이기에. 산을 오르는 이에게 평원에서 보는 산이 더욱 또렷하듯이.

그리고 우정에는 정신을 깊게 하는 것 이외의 다른 목적이 없게 하라.

그 자체의 신비를 드러내는 것 외에 다른 것을 찾는 사랑은 사랑이 아니라 헛된 것만 걸려들게 던져진 그물이기에.

그리고 친구를 위해서는 최선을 다하라.

친구가 그대의 썰물 때를 알아야 한다면 밀물 때도 알게 하라.

오직 시간을 보내기 위해서 찾는 친구가 무슨 소용 있을까?

시간을 살리기 위해서 친구를 찾아라.

친구의 역할은 그대들의 욕구를 채우기 위한 것이지 공허함을 채우기 위한 것이 아니다.

그리하여 아름다운 우정 속에 웃음이 깃들이게 하고 기쁨을 나누어라.

한낱 이슬에서도 가슴은 아침을 찾아내고 생기를 얻는 것이기에.

대화에 대하여

그러자 한 학자가 말했다. 대화에 대해 말씀해주소서.

그는 이렇게 대답했다.

그대들은 생각이 편안치 않을 때 말하기 시작한다.

그리고 고독한 마음을 더 이상 견딜 수가 없을 때는 입술에 의지해서 살게 되며 목소리는 기분전환이 되고 놀이가 된다.

말을 많이 하고 있을 때 그대들의 생각은 거의 죽어 있다.

생각은 공간의 새, 말(言)의 우리 안에서 날개를 펼칠 수는 있어도 날 수는 없기에.

그대들 중에는 고독에 대한 두려움 때문에 떠들어대려고 하는 이들이 있다.

고독의 침묵은 벌거벗은 자아를 드러나 보이게 해서 도망치고 싶게 한다.

스스로는 이해하지 못하는 진리를 깊이 생각해보지도 않고 떠들어
대는 이들이 있다.

마음속에 진실을 품고 있으되 말로 표현하지 않는 이들도 있다.

이들의 가슴속에는 영혼이 율동적인 침묵으로 머물고 있다.

길가나 장터에서 친구를 만나면 영혼으로 입술을 움직여 혀를 지
배하게 하라.

목소리 속의 목소리가 귓속의 귀에 말하게 하라.

친구의 영혼은 마치 포도주의 맛을 기억하듯 그대들 가슴의 진실
을 간직할 것이기에.

그 빛깔 사라지고 그 술잔 또한 자취를 감춘다 할지라도.

시간에 대하여

이번에는 천문학자가 말했다. 스승이시여, 시간이란 무엇입니까?

그는 대답했다.

그대들은 잴 수도 없고 헤아릴 수도 없는 시간을 재려고 한다.

그대들은 시간과 계절에 맞춰 행동하고 영혼의 방향까지 정하려고 한다.

그대들은 시간을 강으로 만들고, 그 기슭에 앉아 흘러가는 물을 바라보고 싶어한다.

하지만 그대들 안에 있는 초시간적인 것은 생의 영원성을 알고 있다.

어제는 오늘의 추억일 뿐이며 내일은 오늘의 꿈일 뿐이라는 것도 알고 있다.

그대들 안에서 노래하고 명상하는 것은 우주에 별들을 흩뿌리던 최초 순간의 영역 안에 여전히 살고 있다.

그대들 중에서 사랑의 능력이 무한하다는 걸 느끼지 못하는 사람이 있을까?

하지만 아무리 제한이 없다고 해도 사랑은 존재 안에 포함되어 있다는 걸 느끼지 않는 사람이 누가 있을 것이며, 사랑은 생각으로 움직이는 것이 아니며, 사랑은 행동으로 움직이는 것이 아니라는 걸 느끼지 않는 사람이 누가 있을까?

그러면 시간은 사랑처럼 나누어지지도 잴 수도 없는 것이 아니란 말인가?

하지만 그대들이 생각으로 계절에 맞춰 시간을 재야겠다면 각각의 계절이 다른 모든 계절을 내포하게 하라.

그리하여 현재가 추억으로 과거를, 갈망으로 미래를 포옹하게 하라.

선과 악에 대하여

그러자 연장자 중 한 명이 말했다. 선과 악에 대해 말씀해주소서.

그는 대답했다.

그대들 안에 있는 선에 대해서는 말할 수 있으나 악에 대해서는 말할 수 없다.

악이란 무엇인가? 그 자신의 굶주림과 갈증으로 고통받는 선이 바로 악이 아닌가?

실제로 배가 고프면 선은 시커먼 동굴 속에서도 먹이를 찾으며, 목이 마르면 고인 물이라도 마다 않고 마신다.

자기 자신과 일체가 되었을 때 그대들은 선하다.

일체가 되지 않는다고 해도 그대들이 악한 것은 아니다.

반목하는 집이 악당의 소굴은 아니기에. 그저 반목하는 집일뿐이기에.

키 없는 배는 목적지 없이 위험한 암초 사이를 떠돌지라도 가라앉
지는 않는다.

될 수 있는 대로 남을 도우려고 애쓸 때 그대들은 선하다.

자신의 이익을 얻으려고 애쓴다 해도 그대들이 악한 것은 아니다.

이익을 얻으려 애쓸 때 그대들은 그 젖을 빨아먹기 위해 대지에 엉
겨붙은 뿌리에 지나지 않기에.

열매가 뿌리에게 이렇게 말할 수는 없다.

"나를 닮아라. 무르익고 그득해서 언제나 풍요로움을 주라"고.

뿌리는 받는 것이 불가피한 것과 마찬가지로 열매는 주는 것이 불
가피하기에.

맑은 정신으로 말할 때 그대들은 선하다.

잠들었을 때 혀가 부질없이 헛소리를 한다고 해도 악한 것은 아
니다.

우물우물하는 말이라도 연약한 혀를 강하게 할 수 있기에.

목적지를 향해 의연하게 자신 있는 걸음으로 걸어갈 때 그대들은
선하다.

절룩거리면서 목적지로 향한다고 해도 그대들이 악한 것은 아

니다.

절룩거린다고 뒤로 가는 것은 아니기에.

하지만 강하고 민첩한 그대들, 절름발이 앞에서 절룩거리지 말라. 그것이 친절한 행위라고 생각하면서.

그대들은 셀 수 없이 많은 면에서 선하며, 선하지 않을 때라도 악한 것은 아니다.

그대들은 그저 무사태평한 게으름뱅이일 뿐이다.

유감스런 일이나 아무리 날렵한 수사슴이라도 거북에게 달리기를 가르칠 수는 없기에.

선은 거대한 자아를 향한 그대들의 열망 속에 있으며, 그 열망은 그대들 각자의 가슴속에 있다.

하지만 어떤 이들에게 열망은 언덕의 비밀과 숲의 노래를 싣고 바다를 향해 힘차게 달려가는 급류와도 같다.

또 어떤 이들에게 열망은 기슭에 이르기에 앞서 늑장을 부리며 구불구불 흘러가는 잔잔한 시냇물이다.

하지만 열망이 많은 이가 열망이 거의 없는 이에게 이렇게 말하는 않는다. "왜 그렇게 우유부단하고 느리냐?"고

정말로 선한 이는 벌거벗은 이에게 "옷은 어디다 두고 그러고 있소?"라고 묻지 않기에.

또 집 없는 이에게 "당신 집은 어떻게 되었소?"라고 묻지 않기에.

기도에 대하여

그러자 여제관이 말했다. 기도에 대해 말씀해주소서.

그는 이렇게 대답했다.

그대들은 괴로울 때와 다급할 때에 기도한다. 기쁨이 충만할 때와 풍요로운 날에도 기도하기를.

기도란 무엇인가, 살아 있는 하늘에 그대들의 존재를 확장하는 것이 아니고 무엇이겠는가?

하늘에 어둠을 퍼뜨리는 것에서 위안을 얻는다면 가슴의 새벽빛을 퍼뜨리는 것 또한 얼마나 기쁠까.

울 수밖에 없을 때 영혼의 부름을 받고 기도하면 그 기도는 눈물을 흘리면서도 웃음을 되찾을 수 있도록 그대들을 격려해준다.

기도할 때는 그대들과 동시에 기도하는 이들, 기도할 때만 만나는 이들을 만날 때까지 하늘에 오르는 것이다.

그래서 보이지 않는 사원을 방문할 때는 황홀한 기쁨에만 몰입하라.

구걸할 생각으로 사원에 들어가면 아무것도 얻지 못할 것이기에.

비굴해지기 위해 사원에 들어가면 그대들의 기도는 돋보이지 않을 것이기에.

타인의 행복을 빌기 위해 들어간다고 해도 그 기도는 이루어지지 않을 것이기에.

보이지 않는 사원에 들어가는 것으로 만족하기를.

어떤 말로 기도해야 하는지 나는 그대들에게 가르쳐줄 수 없다.

신께서는 그대들의 입술을 통해 말씀하실 때가 아니면 그대들의 말을 듣지 않으신다.

그리고 나는 바다와 숲, 산의 기도를 가르쳐줄 수 없다.

하지만 그대들은 산과 숲, 바다에서 태어났으니 가슴속에서 그 기도를 찾을 수 있다.

밤의 고요에 귀기울이면 정적 속에서 이렇게 말하는 소리가 들릴 것이다.

"날개 달린 우리의 자아인 우리의 신이여, 그것은 우리 안에 있는 당신의 뜻이 원하는 것입니다.

그것은 우리 안에 있는 당신의 욕망이 바라는 것입니다.

당신의 것인 우리의 밤을 당신의 것인 낮으로 변하게 하는 것 또한 우리 안에 있는 당신의 에너지입니다.

우리는 당신에게 아무것도 청할 수 없습니다. 우리의 가슴속에 욕망이 생기기도 전에 당신은 이미 우리의 욕망을 알고 있기에.

당신은 우리의 욕망입니다. 그리고 당신은 당신 자신을 줄 때마다 우리에게 전부 다 주십니다."

쾌락에 대하여

이번에는 일 년에 한 번씩 그 도시를 찾아오는 은자가 나와서 말했다. 쾌락에 대해 말씀해주소서.

그는 이렇게 대답했다.

쾌락은 자유의 노래다.

하지만 자유는 아니다.

쾌락은 욕망이 꽃피는 것이다.

하지만 그 열매는 아니다.

쾌락은 절정을 열망하는 심연이지만

그 자체로는 심연도 아니고 절정도 아니다.

쾌락은 날개를 달고 새장에 들어 있지만

사방이 막힌 공간은 아니다.

정말이지 쾌락은 자유의 노래다.

나는 그대들이 마음껏 쾌락을 노래부르고, 노래부르다 마음을 잃지 않기 바란다.

젊은이들 중에 마치 쾌락이 전부인 양 추구하는 이들이 있는데 그들은 비판받고 비난받는다.

나는 그들을 비판하지도 비난하지도 않으련다. 나는 그들이 쾌락을 추구하기 바란다.

그들은 쾌락을 추구하지만 그것만 추구하는 것이 아니기에.

쾌락의 자매는 일곱. 그중 가장 어린것은 쾌락보다 더 아름답다.

그대들은 뿌리를 캐려고 흙을 파헤치다 보물을 찾은 사람의 얘기를 들어보지 못했는가?

노인들 중에는 술에 취해 저지른 잘못인 양 쾌락을 회상하면서 양심의 가책에 시달리는 이들이 있다.

하지만 양심의 가책은 벌이 아니라 마음을 불안에 빠뜨리는 것이다.

여름에 곡식을 거둬들인 듯 그들이 쾌락을 감사하는 마음으로 기억하기 바란다.

하지만 그 후회가 위안이 된다면, 위안을 받아라.

그대들 중에는 쾌락을 추구할 만큼 젊은 나이도, 회상할 만큼 늙은 나이도 아닌 이들이 있다.

이들은 영혼을 해치거나 잘못을 저지를까 두려워서 일체의 쾌락을 회피한다.

하지만 쾌락은 회피 그 자체 안에도 있다.

뿌리를 캐려고 떨리는 손으로 흙을 파헤칠망정 그들도 보물을 찾는다.

말해보라. 영혼을 해칠 수 있는 이가 누구인가?

나이팅게일이 밤의 고요에 해를 주고, 개똥벌레가 별들에 해를 끼칠까?

그대들의 불꽃이나 연기가 바람에 짐이 될까?

그대들은 영혼이 막대기로 흐트러뜨릴 수 있는 잔잔한 연못에 지나지 않는다고 생각하는가?

쾌락을 포기하면서 그대들은 존재 깊은 곳에 욕망을 쌓아두기만 한다.

오늘은 잊혀진 듯 보이지만 내일을 기대하고 있는지 누가 알겠는가.

그대들의 육체는 그 유산과 당연한 욕구를 알고 있으니 속아넘어가지 않을 것이다.

그대들의 육체는 영혼의 하프.

거기서 감미로운 화음이나 불협화음을 울리게 하는 것은 그대들에게 달려 있다.

지금 그대들은 속으로 말한다. "쾌락에서 좋은 것과 그렇지 않은 것을 어떻게 구별하지?"

들과 정원으로 가서 배우라, 꽃에서 꿀을 모으는 것이 벌의 쾌락임을.

꽃의 쾌락 또한 벌에게 꿀을 주는 것임을.

꽃은 벌에게 있어 생명의 샘이기에.

그리고 꽃에게 있어 벌은 사랑의 메신저이기에.

벌과 꽃이 서로 쾌락을 주고받는 것은 필연성이자 황홀함이기에.

오르팰리스 사람들이여, 꽃과 벌 같은 쾌락을 주고받기를.

아름다움에 대하여

이번에는 한 시인이 말했다. 아름다움에 대해 말씀해주소서.

그는 이렇게 대답했다.

그대들은 어디서 아름다움을 찾는가, 그리고 어떻게 아름다움을 찾아내는가, 아름다움이 스스로 그대들에게 길이 되어주고 길잡이가 되어주지 않는다면?

아름다움이 그대들의 말을 꾸며주지 않는다면 아름다움에 대해 어떻게 말하겠는가?

고통받는 이와 상처받은 이는 이렇게 말한다.

"아름다움은 다정하고 온화하다.

자신의 영광을 겸연쩍어하는 젊은 어머니처럼 우리들 속으로 걸어 온다."

열정에 찬 이는 이렇게 말한다.

"아니, 아름다움은 거만하고 무서운 것이다.

우리 발 밑의 대지를 뒤흔들고, 우리 머리 위의 하늘을 뒤흔드는 폭풍우 같은 것이다."

지치고 피곤한 이는 이렇게 말한다.

"아름다움은 부드러운 속삭임이다. 아름다움은 우리의 영혼속에서 말한다.

그림자의 공포 속에서 깜박거리는 희미한 빛처럼 아름다움의 목소리는 우리의 침묵에 굴복한다."

하지만 불안한 이는 이렇게 말한다.

"우리는 산 속에서 아름다움이 외치는 소리를 들었다.

그 외침과 함께 말발굽 소리, 날개 파닥이는 소리, 사자의 포효가 들려왔다."

어둠이 내리면 도시의 야경꾼이 이렇게 말한다.

"아름다움은 여명과 함께 동쪽에서 떠오를 것이다."

정오에는 노동자들과 나그네들이 이렇게 말한다.

"해가 넘어가는 창문을 통해 우리는 대지에 기대는 아름다움을 보았다."

겨울에 눈에 갇힌 이들은 이렇게 말한다.

"아름다움은 언덕들을 뛰어넘어 봄과 함께 올 것이다."

더운 여름에 추수하는 이들은 이렇게 말한다.

"우리는 아름다움이 낙엽과 함께 춤추는 걸 보았고, 그 머리카락 사이로 날리는 눈발을 보았다."

이 모든 것은 그대들이 아름다움에 대해 했던 말들이다.

하지만 그대들은 아름다움에 대해 말한 것이 아니라,

실은 채워지지 않은 욕망에 대해 말한 것이다.

그런데 아름다움은 욕망이 아니라 황홀함이다.

아름다움은 목마른 입이나 헛되이 내민 손이 아니라,

홀린 영혼과 불타는 가슴이다.

아름다움은 그대들이 보고자 하는 이미지나 그대들이 듣고 싶어하는 노래가 아니라,

눈을 감고 있어도 보이는 이미지이고 귀를 막고 있어도 들리는 노래다.

아름다움은 주름진 껍질 속을 흐르는 수액이나 발톱에 붙들린 날개가 아니라,

언제나 꽃피는 정원이며 영원히 날아다니는 한 무리 천사다.

오르팰리스 사람들이여, 그 거룩한 얼굴의 베일을 벗을 때의 생명

이 아름다움이다.

하지만 그대들은 생명이며 또한 베일이다.

아름다움은 거울 속에서 그 자신을 응시하는 영원이다.

하지만 그대들은 영원이며 또한 거울이다.

종교에 대하여

이번에는 늙은 사제가 말했다. 종교에 대해 말씀해주소서.

그는 대답했다.

그럼 오늘 내가 다른 것에 대해 말했던가?

모든 행위와 모든 생각이 종교가 아닌가?

그 모든 것은 생각이나 행위가 아니라 영혼속에서 끊임없이 솟구치는 경이와 놀라움이다. 손이 돌을 깎고 베틀을 돌리는 데 열중하고 있을지라도.

어느 누가 행위로부터 신념을 떼어놓을 수 있으며, 직업으로부터 믿음을 떼어놓을 수 있겠는가?

어느 누가 시간들을 펼쳐놓고 이렇게 말할 수 있단 말인가? "이건 신을 위한 것이고, 저건 나를 위한 것이다. 이건 내 영혼을 위한 것이고, 저건 내 육체를 위한 것이다."

그대들의 시간은 모두 자아에서 자아로 이르는 허공에서 파닥거리는 날개들이다.

제일 좋은 옷처럼 도덕이라는 옷을 입은 이는 벌거벗고 있는 편이 낫다.

바람도 태양도 그 살갗을 찢지 못하리라.

자신의 행동을 도덕에 부합시키는 이는 노래하는 새를 새장 안에 가두는 격이다.

아무리 자유로운 노래도 창살과 철망을 뚫고 나가지 못한다.

열리기도 하고 닫히기도 하는 창문을 경배하는 이는 새벽에서 새벽으로 이르는 창을 열어놓은 자기 영혼의 집을 아직 방문하지 않은 사람이다.

나날의 삶이야말로 그대들의 사원이자 종교이다.

나날의 삶으로 들어갈 때마다 그대들의 모든 걸 가지고 가라.

쟁기, 바람을 일으키는 기구, 망치와 류트를 가지고 가라.

그리고 그대들이 필요해서 만들었거나 기쁨 때문에 만들었던 모든 것들도.

꿈속에서라도 그대들이 이룬 것 이상으로 오를 수도, 그대들이 실패한 것 이하로 떨어질 수도 없기에.

모든 사람을 받아들여라.

숭배하고 있는 중에도 그들의 희망보다 더 높이 날아오를 수도, 그들의 절망보다 더 자신을 낮출 수도 없기에.

그대들이 신을 알고 싶다면 수수께끼를 풀려고 애쓰지 말라.

차라리 주위를 둘러봐라. 그러면 아이들과 놀고 있는 그분을 보게 되리라.

하늘을 살펴봐라. 그러면 구름 속을 걸으면서 번개 속에서 두 팔을 뻗고, 비와 함께 떨어지는 그분을 보게 되리라.

그리고 꽃 속에서 미소짓다가 일어나 나무 속에서 손을 흔드는 그분을 보게 되리라.

죽음에 대하여

그러자 알미트라가 말했다. 이제는 죽음에 대해 묻고 싶습니다.

그는 대답했다.

그대들은 죽음의 비밀을 알고 싶어한다.

하지만 그대들이 생명의 심장 속에서 찾지 않는다면 어떻게 죽음을 찾아낼 수 있겠는가?

낮에는 눈이 보이지 않는 야행성 올빼미는 빛의 신비를 밝힐 수 없다.

정녕 죽음의 영혼을 보고 싶다면 생명의 육신에 마음을 활짝 열어라.

생과 죽음은 하나이기에. 바다와 강이 하나인 것처럼.

희망과 욕망 속 깊은 곳에서 그대들은 조용히 저승에 대해 깨닫는다.

눈 속에서 꿈꾸는 씨앗처럼 그대들의 가슴은 봄을 꿈꾼다.

그 꿈을 믿어라. 그 꿈속에 영원으로 이르는 문이 숨어 있으니.

죽음 앞에서의 공포는 성은을 주기 위해 손을 얹는 왕 앞에 서 있는 목동의 떨림에 불과한 것이다.

비록 떨고 있으나 목동은 왕의 성은을 입는 것이 어찌 기쁘지 않겠는가.

그래도 그렇게 떨리는 것이 어찌 마음에 걸리지 않겠는가.

그렇다면 죽는다는 것은 바람 속에 벌거벗은 채 서 있는 것이고, 태양 속에 녹아버리는 것이 아니고 무엇이겠는가?

숨을 멈춘다는 것은 내쉼과 들이쉼의 혼란으로부터 숨을 해방시키는 것이 아니고 무엇이겠는가? 그 숨결이 드높이 고양되어 족쇄를 벗고 신에게 갈 수 있도록.

그대들은 침묵의 강물로 목을 축일 때에만 비로소 노래하게 되리라.

그대들은 산꼭대기에 이르렀을 때에만 비로소 오르기 시작하리라.

대지가 그대들의 팔다리를 요구할 때에만 비로소 진정으로 춤추게 되리라.

이별에 대하여

이윽고 저녁이 되었다.

예언녀 알미트라가 말했다. 오늘과 이곳, 그리고 말씀을 주신 스승의 영혼에 축복이 있기를!

알무스타파가 대답했다. 말한 사람이 나였는가?

나 또한 듣는 이가 아니었던가?

그렇게 말하고 나서 그가 사원의 계단을 내려오자 사람들이 뒤따랐다. 그는 배에 이르렀고 갑판에 올라섰다.

그는 사람들을 다시 응시하면서 외쳤다.

오르팰리스 사람들이여, 바람이 내게 그대들을 떠나라고 명하고 있다.

바람보다는 덜 서둘겠지만 나는 떠나야 한다.

언제나 고독한 길을 찾는 우리 방랑자들은 끝낸 날에서 새 하루를 시작하지 않으며, 떠오르는 해도 지는 해가 우리를 두고 떠난 곳에서 우리를 찾지 못한다.

대지가 잠들어 있는 동안에도 우리는 길을 간다.

우리는 죽지 않는 식물의 씨앗이다. 그래서 무르익고 충만해지면 우리는 바람 따라 흩뿌려진다.

그대들 속에서 지낸 날들은 짧았고, 내가 한 말들은 더 짧았다.

하지만 내 목소리가 그대들의 귓가에서 희미해지고, 내 사랑이 그대들의 기억에서 사라지면 그때 나는 돌아오리라.

그때는 보다 풍요로워진 가슴으로, 보다 정신에 순종하는 입술로 말하리라.

나는 밀물과 함께 돌아오리라.

죽음이 나를 가릴지라도, 엄청난 침묵이 나를 휘감을지라도 나는 다시 그대들의 이해를 구하리라.

그대들의 이해를 헛되이 구하려고 들지 않으리라.

내가 했던 말이 조금이라도 진실된 것이라면 그 진실은 보다 명확한 음성으로 그대들의 생각에 보다 가까운 말로 표현되리라.

오르팰리스 사람들이여, 나는 바람과 함께 떠난다. 하지만 허공 속으로 떨어지는 것이 아니다.

오늘 그대들의 욕구와 나의 사랑이 충족되지 않았다면 다음날을 기약하자.

인간의 욕구는 변하지만 사랑이나 사랑이 충족시켜줄 욕망은 변하지 않는다.

그러므로 엄청난 침묵으로부터 내가 돌아오리라는 것을 기억하라.

들판에 이슬을 남기고 새벽에 걷히는 안개는 구름으로 다시 모여 빗방울로 떨어진다.

나 또한 그 안개와 다름없다.

밤의 고요 속에서 나는 그대들의 거리를 거닐었고, 내 영혼은 그대들의 집으로 들어갔다.

그대들 심장의 고동소리 내 심장 속에서 울리고, 그대들의 숨결 내 얼굴을 스쳤을 때 나는 그대들 모두를 알았다.

그랬다. 나는 그대들의 기쁨과 고통을 알았고, 자면서 꾸는 그대들의 꿈은 나의 꿈이었다.

그대들 속에서 나는 산 속의 호수가 되어주곤 했다.

나는 그대들의 산봉우리와 가파른 비탈, 심지어는 양떼 같은 그대들의 덧없는 생각과 욕망까지 비춰주었다.

그대들 아이들의 웃음소리는 나의 침묵을 향해 시냇물로, 젊은이들의 열망은 강물로 밀려왔다.

나의 깊은 곳에 이르렀을 때에도 시냇물과 강물은 그 노래를 멈추지 않았다.

하지만 그 웃음소리보다 더 정겹고, 그 열망보다 더 강렬한 무언가가 내게 이르렀다.

그것은 그대들 속에 있는 무한.

그 거대한 인간 속의 그대들은 세포와 힘줄에 불과하다.

그 노래 속에서 그대들의 노래는 소리 없는 떨림에 불과하다.

그대들이 거대한 것은 거대한 인간 속에 있어서다.

그 거대한 인간을 바라보면서 나는 그대들을 바라보고 사랑했다.

그 거대한 영역 안에 있지 않은데 사랑이 그 먼 거리에 다다를 수 있을까?

어떤 환상, 어떤 희망, 어떤 가정이 그 비상을 능가할 수 있을까?

사과꽃으로 뒤덮인 거대한 떡갈나무 같은 거대한 인간이 그대들 속에 있다.

그의 힘이 그대들을 대지에 묶어 놓고, 그의 향기가 그대들을 공중으로 들어올리니 그대들은 그 영속성 속에서 불멸한다.

그대들은 들었으리라. 사슬과도 같은 그대들은 그중 가장 약한 고리만큼 허약하다는 말을.

하지만 그 말은 반은 진실이 아니다. 그대들은 또한 가장 강한 고리만큼 강인하기에.

아주 사소한 행위로 그대들을 평가하는 것은 덧없는 거품으로 대양의 힘을 재는 것과 같다.

실수한 것으로 그대들을 비판하는 것은 쉬이 변한다고 계절을 탓하는 것과 같다.

그렇다. 그대들은 대양과도 같다.

그대들의 기슭에서 큰배들이 밀물을 기다릴지라도,

그대들이 대양인 양 밀물을 재촉할 수는 없다.

그대들은 또 계절과도 같다.

그대들의 겨울에서 그대들이 봄을 거부할지라도,

그대들 속에서 쉬는 봄은 나른함에 빠져 미소짓고 있을 뿐 성내지 않는다.

내가 이렇게 말한다고 해서 다음과 같이 생각하지 말라. "우리를 칭찬해주는군. 우리에게서 선한 면만 보고 있어."

다만 그대들이 생각으로 알고 있는 것을 나는 말로 하는 것일 뿐이다.

말로 표현되는 지식이란 말로 표현할 수 없는 지식의 그림자가 아니고 무엇이겠는가?

그대들의 생각과 나의 말은 어제의 흔적을 간직한 채 봉해진 기억의 물결이다.

아울러 대지가 우리를 알지도, 제 자신을 알지도 못하던 고대의 흔적,

카오스 속에서 대지가 결합되던 태고의 흔적 또한 간직한 채 봉해진 기억의 물결이다.

현자는 그대들에게 지혜를 주러 오는 것이다. 나는 그대들의 지혜를 얻으려고 왔다.

그리고 나는 지혜보다 더 중요한 것을 발견하였다.

그것은 그대들 속에 스스로 모여 타오르는 불꽃같은 영혼.

그런데도 그대들은 점점 커지는 불꽃을 보지 못하고 시들어 가는 날을 슬퍼한다.

생명은 무덤을 두려워하는 육체 속에서 생명을 찾고 있다.

이곳에는 무덤이라곤 없다.

이 산과 평원은 요람이며 디딤돌이다.

조상들을 묻었던 들을 지날 때마다 유심히 살펴보면 그대들은 거기서 그대들 자신과 손에 손잡고 춤추는 아이들을 보게 되리라.

사실 그대들은 그걸 깨닫지도 못한 채 행복해한다.

신념으로 이루어진 귀중한 약속을 위해 온 이들에게 그대들은 부

와 힘 그리고 영광을 주었다.

나는 그들보다 못한 약속을 하였으나 그대들은 나에게 더 관대하였다.

그대들은 내게 생에 대해 보다 깊은 갈증을 주었다.

물론 인간에게 있어, 모든 욕망을 목마른 입술로 만들고, 생을 샘물로 만드는 것보다 더 귀한 선물은 없다.

그 속에 나의 영예와 나의 보상이 들어 있다.

목을 축이러 샘에 갈 때마다 나는 살아 있는 샘물 그 자신도 목말라하고 있음을 발견한다.

그리하여 내가 마시는 동안 샘물도 나를 마신다.

어떤 이들은 내가 선물을 받아들이기에는 너무 자존심이 강하고 너무 신중하다고 생각한다.

실제로 나는 자존심 때문에 봉급을 받아들일 수 없으나 선물은 그렇지 않다.

그대들이 식탁에 앉히고 싶어할 때에 내가 비록 언덕의 산딸기를 먹고살긴 했어도.

그대들이 기꺼이 안식처를 내주려고 할 때에 내가 비록 사원 회랑에서 자긴 했어도.

달콤한 양식을 입에 넣을 수 있었고, 꿈꾸며 잘 수 있었던 것은 나의 낮과 밤을 염려해주는 그대들의 사랑 덕분이 아닌가?

그래서 나는 그대들에게 축복을 내린다.

그대들은 많은 걸 주었지만 무엇을 주었는지 전혀 모른다.

실제로 친절이란 거울에 비춰보는 순간 돌로 변한다.

동정이라는 이름에나 어울리는 선행은 저주나 다름없는 것이다.

어떤 이들은 내가 멀찍이 떨어져서 나만의 고독에 취해 있다고 말하였다.

그리고 그대들은 말한다. "그는 숲의 나무들과는 회의를 열어도 인간들과는 하지 않아.

언덕 꼭대기에 외롭게 앉아서 우리 도시를 내려다보고 있을 뿐이다"라고.

내가 언덕에 올라 외딴 곳을 돌아다녔던 건 사실이다.

높은 데나 멀리 떨어진 곳에서 바라보지 않았다면 내가 어떻게 그대들을 잘 볼 수 있었겠는가?

멀리 있지 않다면 어떻게 진실로 가까이 있을 수 있겠는가?

어떤 이들은 나를 향해 무언의 호소를 보냈었다.

"나그네여, 오를 수 없는 고지를 사랑하는 나그네여, 왜 독수리들이나 둥지를 트는 산꼭대기에서 삽니까?

왜 얻을 수 없는 걸 추구합니까?

어떤 비바람을 그물에 낚으려 합니까?

그 하늘에서 어떤 공상의 새를 잡으려고 합니까?

우리 중의 한 사람이 되어주소서.

내려와서 우리의 빵으로 허기를 달래고, 우리의 포도주로 목마름을 달래소서.”

고독한 영혼속에서 그들은 그렇게 말했다.

하지만 고독이 더 깊었다면 그들은 알아챘으리라. 내가 오직 그대들의 기쁨과 고통의 비밀을 찾아다녔을 뿐이라는 것을.

내가 오직 하늘을 걸어다니는 그대들의 원대한 자아를 찾아다녔을 뿐이라는 것을.

하지만 사냥꾼은 사냥감이기도 했다.

내 활을 떠난 수많은 화살들이 내 가슴을 향해 되돌아왔기에.

날아가는 이는 기어가는 이이기도 했다.

나의 날개를 태양 속에 펼쳤는데도 대지에 드리워진 그 그림자는 거북의 모습이었기에.

믿는 사람인 나는 의심하는 사람이기도 했다.

그대들에 대해 더 큰 믿음을 가지기 위해서, 그대들에 대해 더 많은 걸 알기 위해서 나의 상처에 손가락을 자주 대봐야 했기에.

그 믿음과 그 깨달음으로 나는 그대들에게 말한다.

그대들은 육체 안에 갇혀 있는 것도, 집이나 들판에 갇혀 있는 것도 아니다.

그대들이 있는 산 위에 살면서 바람 따라 배회하고 있는 것.

그것은 따뜻함을 찾아 햇빛 속을 기어오르거나 어둠 속에서 구멍을 파는 것이 아니라

세상을 감싸며 하늘에서 움직이는 자유로운 영혼이다.

내 말이 모호하게 들릴지라도 더 명확하게 만들려고 하지 말라.

애매모호한 것이야말로 만물의 끝이 아니라 시작이다.

나를 시작으로서 기억해주기 바란다.

생명, 그리고 살아 있는 모든 것은 수정 속이 아니라 안개 속에서 잉태된다.

서서히 엷어지는 안개가 수정일지 누가 알겠는가?

나를 기억할 때면 다음의 말도 기억해주기 바란다.

그대들에게 가장 나약하고 가장 불분명하게 보이는 것이 실은 가장 강하고 명확한 것이다.

뼈대를 세워주고 단단하게 해주는 것은 그대들의 숨결이 아닌가?

그대들이 도시를 세우고 도시에 있는 모든 걸 만드는 꿈을 꿔본 기억이 없다는 것, 그것이 바로 꿈이 아닌가?

숨결의 밀물을 보는 것이 가능하다면 그대들은 더 이상 다른 것들을 보지 못할 것이다.

꿈의 속삭임을 듣는 것이 가능하다면 그대들은 다른 어떤 소리도 듣지 못할 것이다.

하지만 보지도 듣지도 못한다는 것, 그건 바람직한 것이다.

그대들의 눈을 가리는 베일은 그걸 짰던 손만 걷어줄 수 있다.

그대들의 귀를 막는 진흙은 그걸 반죽했던 손만 뚫을 수 있다.

그러면 눈이 보이리라.

그러면 귀가 들리리라.

하지만 눈이 멀었던 걸 괴로워하지도, 귀가 먹었던 걸 슬퍼하지 말아야 한다.

때가 되면 그대들은 만물에 숨어 있는 목적을 알아차릴 것이기에.

따라서 그대들은 빛을 축복하듯 어둠을 축복하라.

그렇게 말하고 나서 그는 주위를 둘러보았다. 키를 잡고 선 조종사가 한껏 부푼 돛과 먼바다를 번갈아 바라보고 있었다.

그는 말했다.

참으로 인내심이 많은 선장.

바람이 불고 돛이 펄럭인다.

방향키도 지시를 기다리고 있건만

선장은 내 말이 끝나기를 조용히 기다리고 있다.

광막한 바다의 합창을 들었던 선원들은 인내심 있게 내 말에도 귀를 기울였다.

하지만 그들은 이제 더는 기다리지 않을 것이다.

나는 준비가 되었다.

강물이 바다에 이르자, 위대한 어머니는 또다시 자식을 품에 안는다.

잘 있거라, 오르펠리스 사람들이여,

오늘은 끝에 다다랐다.

수련(睡蓮)이 내일을 위해 오므라들 듯 우리의 오늘이 닫히고 있다.

여기서 우리가 얻었던 것, 그것을 기억하자.

충분한 것이 아니었다면 우리 다시 만나서 주는 이에게 함께 손을 내밀자.

내가 그대들에게 돌아온다는 걸 잊지 말라.

얼마 안 있어 나의 갈망이 또 하나의 다른 몸을 위해 먼지와 거품을 다시 모으리라.

얼마 안 있어 바람 위에서 잠시 쉬고 나면 또 다른 여인이 나를 낳으리라.

그대들이여, 함께 보냈던 나의 젊음이여, 안녕.

우리가 꿈속에서 만났던 것은 다만 어제일 뿐이다.

그대들은 고독한 내게 노래를 불러주었고, 나는 그대들의 갈망으로 하늘에 탑을 세웠다.

하지만 졸음이 사라지고, 우리의 꿈도 끝났으니 이제는 더 이상 새벽이 아니다.

한낮이 되면서 잠은 완전히 달아났으니 이제 우리는 헤어져야 한다.

추억의 어스름 속에서 다시 한 번 만난다면 우리는 함께 이야기할 것이고, 그대들은 내게 더 깊은 노래를 불러주리라.

우리의 손이 또 다른 꿈속에서 만난다면 우리는 하늘에 또 하나의 탑을 세우리라.

그렇게 말하고 나서 그가 선원들에게 신호를 보내자, 선원들은 곧바로 닻을 올리고 닻줄을 풀었다. 그리고 동쪽으로 뱃머리를 돌렸다.

한마음이 된 듯 사람들의 울음소리가 일시에 터져나왔다. 그 울음소리가 어스름 속에서 떠올라 나팔소리처럼 바다 위로 울려퍼졌다.

알미트라만 침묵하고 있었다. 안개 속으로 사라질 때까지 배를 응시하면서.

사람들이 모두 흩어진 뒤에도 그녀는 홀로 기슭에 서 있었다. 마음 속으로 그의 말을 되새기면서.

"얼마 안 있어 바람 위에서 잠시 쉬고 나면 또 다른 여인이 나를 낳으리라."

작가와 작품 해설

시인이자 철학자, 화가였던 칼릴 지브란은 1883년 레바논의 베챠리에서 마론파 가톨릭 교회 사제의 딸인 어머니와 부유한 아버지 사이에서 태어났다. 지브란의 어머니는 첫 남편과 결혼하여 브라질로 이민을 갔으나 남편이 병으로 죽는 바람에 아들 피터를 데리고 레바논으로 돌아온 뒤 목축업자와 재혼하여 칼릴 지브란과 딸 둘을 낳았다. 하지만 남편이 가산을 탕진하자 아이들만 데리고 1895년 미국으로 이민을 떠나 보스톤의 빈민가에 정착한다. 예술에 대한 감성이 풍부했던 그의 어머니는 칼릴에게 음악과 미술, 아랍어, 프랑스어를 가르쳤고, 가정교사를 들여 영어도 가르쳤다. 어머니의 혈통과 교양은 칼릴 지브란의 생애와 문학, 예술 세계에 지대한 영향을 준다.

지브란은 1898년 8월 레바논으로 돌아와 베이루트의 마드라사트 알 히크마(지혜의 학교)에 입학하고 5년 후 졸업한 뒤에는 아버지를 따라 중동지방의 옛 도시들과 그리스, 이탈리아 스페인 등 각지를 여행한다. 이때의 풍부한 사색과 철학적 성찰은 그의 모든 작품 세계에 반영되어 있다.

1902년 레바논을 떠나 보스톤으로 돌아온 지브란은 그림을 그리며 아랍어로 저술을 시작했고, 1904년 5월 그림 전시회 기간 중에 매리 엘리자베스 하스켈을 만나게 된다.

1908년 하스켈의 도움으로 미술 공부를 위해 파리로 떠났으며, 이때에 그를 '20세기의 블레이크'라고 부르며 예찬한 로댕을 만났다. '성경 시인'이라 불리었던 윌리엄 블레이크의 시와 그림은 니체의 작품과 함께 그에게 커다란 영향을 미쳤다.

1910년 미국으로 돌아온 뒤 뉴욕으로 옮겨 그리니치 빌리지의 작업실, 즉 아랍 문인들이 '은자의 집'이라 부르는 집에서 창작에 몰두한다.

1912년에 출간된 『부러진 날개』는 자신의 첫사랑 할라 다헤르에 관한 자전적 소설이며, 아랍어로 쓴 최고의 작품이라는 평가를 받고 있다.

1914년에는 이민 초기에 느꼈던 소외감을 반영하는 『눈물과 미소』를 발표했고, 35세가 되던 1918년에 발표하는 『광인』은 영어로 쓴 첫 번째 작품으로 악의, 위선, 불의, 순응, 야망, 맹목성, 청교도 정신 등이 신랄하게 풍자되어 있다. 1919년 아랍어로 출판된 『행렬』은 자유와 기쁨, 자연에 대한 사랑을 노래하는 젊은이와 세상을 한탄하는 노인이 대화하는 형식으로 쓰여져 있다. 그리고 1920년에는 니체의 영향을 받은 『폭풍우』와 『선구자』를 연달아 발표했다.

1923년 지브란에게 세계적인 명성을 안겨준 『예언자』를 발표하였는데 '현대의 성서'로 불리는 이 작품은 영어로 쓴 최고의 걸작으로 평가되고 있다.

1926년에는 블레이크의 영향을 발견할 수 있는 『모래, 물거품』『사람의 아들 예수』(1928)에 이어 『대지의 신들』(1931)을 발표했다.

지브란은 평생을 독신으로 지내면서 생애 대부분을 뉴욕에서 보내다 1931년 4월 10일, 부활절 후 첫 번째 금요일 밤 10시 50분, 48세의 나이로 뉴욕의 성 빈센트 병원에서 세상을 떠났다.

그의 사후 1932년과 1933년에 우화집 『방랑자』와 『예언자의 정원』이 각각 출판되었다.

역자 후기

　아랍어로 '희다'라는 뜻의 말 '라반'에서 유래했으며, 고산의 만년설이 그 어원인 레바논. 고대 해양민족 페니키아인의 나라로 천혜의 항구를 가지고 있어 예로부터 교역의 중심으로 번영해왔던 땅 레바논은 바빌로니아, 페르시아, 로마 등의 지배를 받으면서 티르를 중심으로 그리스도교가 확산되었다. 7세기에 이슬람교를 신봉하는 아랍인들에게 정복된 이후 아랍화, 이슬람화가 진행되면서 산악지대는 시아파, 드루즈파 등 이슬람교 '이단파'와 마론파 교도 등의 도피지가 되는가 하면, 11~12세기에는 셀주크 투르크와 십자군의 쟁탈장이 되기도 했다. 16세기에는 오스만 투르크 제국에 병합되어 오랜 세월 동안 술탄 밑에서 반독립적인 상태에 있었고, 19세기에 들어서 오스만 제국은 레바논을 직접 지배하려고 했으나 실패했고, 마론파와 드루즈파 사이에 일어난 분쟁으로 많은 그리스도 교도가 살해되었다. 이 분쟁에 프랑스가 개입하여 1861년 마론파 교도는 오스만 제국으로부터 자치권을 획득했고, 1944년 터키와 프랑스의 위임통치로부터 독립한 후 복잡한 종파의 대립을 배경으로 독특한 종교연합 국가를 형성하고 있는 나라가 바로 레바논이다.

칼릴 지브란이 '반항하는 정신' 이었다고 불리는 것이나 신비주의자, 철학자, 종교가, 이단자, 평화주의자…… 등의 상반된 명칭으로 불리는 것은 모두 피압박민족의 눈물과 종교적 내란이 끊이지 않는 조국의 아픔이 그의 핏속에 흐르고 있기 때문일 것이다. 하지만 지브란은 시인이라고 부르기에는 너무도 폭넓은 철학세계를 지녔고, 철학자라고 부르기에는 너무도 휴머니스트이며, 성자라고 부르기에는 비판정신이 너무도 날카롭고, 반항아라고 부르기에는 너무도 숭고한 영혼을 가진 이였다.

지브란 스스로 '가슴의 반쪽에는 예수를, 다른 반쪽에는 마호메트를 품고 있다' 고 말하고 있듯이 '현대의 성서' 라 불리는 『예언자』에는 그리스도를 상징하는 동시에 이슬람의 보편적 인간상을 상징하는 '알무스타파' 를 통해 자신의 사상과 정신적인 순례의 과정이 시적 문체로 녹아 있다. 현실과 유리된 듯한 자유, 현실 속에서 끝없이 갈등하는 인간, 무한한 바다와 무한한 하늘 사이를 떠도는 인간, 어디에도 정착하기를 거부하는 자유의 정신, 지브란은 『예언자』에서 조국 레바논의 압제와 폭정에 저항하면서 인간의 위선과 오만을 조롱

하고 신과 인간의 관계에 대해 진지하게 묻고 있는 것이다.

삶과 죽음의 일체, 선과 악의 일체, 시간과 공간의 일체, 즐거움과 고통의 일체, 인간과 신의 일체, 지브란의 사상이라고 규정할 수 있는 이 근저에는 당시의 정치, 사회, 경제, 종교 구조에 대한 저항과 조국 레바논에 대한 사랑, 그 너머에는 민족과 국가간의 형제애와 평등을 염두에 두는 인류애가 깔려 있다.

"우리는 죽지 않는 식물의 씨앗이다. 그래서 무르익고 충만해지면 우리는 바람 따라 흩뿌려진다." 칼릴 지브란의 말대로 우리에게도 나무의 씨앗이 될 수 있는 영혼이 있는 건 아닐까, 하는 의문이 가슴에 새겨진다.